AU VILLAGE DES PÈRES NOËL

Illustrations de Ken Kuroï

Texte de Junko Kanoh
Traduction de Takako Hassegawa

MANGO JEUNESSE

En plein cœur du Grand Nord, au fin fond d'une magnifique forêt, est un petit village dans lequel vivent tous les Pères Noël. Grands et petits, gros et minces, à la peau claire ou plus foncée, tout le monde s'entend très bien.
Le plus grand, celui dont la barbe est la plus longue, c'est Grand-Père Noël ; chacun l'aime beaucoup.

Janvier

Tous les Pères Noël sont réunis chez Grand-Père Noël pour la fête du nouvel an. De grosses bûches flambent dans la cheminée, sur la table les plats les plus délicieux sont offerts à la gourmandise de tous.
Dehors il neige, mais les Pères Noël ne s'en soucient pas le moins du monde. Ils sont bien au chaud dans le grand salon, et beaucoup trop occupés à rire et à bavarder entre eux.

Février

Oh ! là, là ! Le village des Pères Noël croule sous une véritable avalanche de courrier ! Ce sont les lettres de remerciements des enfants pour les cadeaux qu'ils ont reçus à Noël dernier !
La lecture de tous ces petits mots enchante Grand-Père Noël car les enfants y ont mis tout leur cœur. Ses yeux pétillent de contentement. Quelquefois même, il éclate franchement d'un grand rire joyeux.

Mars

La neige a fondu dans la forêt du Grand Nord. Les Pères Noël se sont mis au travail pour la fabrication des jouets, ils sont très occupés. Ce n'est pas tout de semer des graines d'arbres à jouets, ensuite il faut les arroser pour qu'elles poussent bien. Il faut aussi grimper au sommet des montagnes pour décrocher les étoiles filantes qui embelliront les sapins et décoreront les cadeaux.

Avril

C'est la rentrée à l'école des rennes ! Les nouveaux élèves sont là pour apprendre à tirer les traîneaux et à bien réussir leur envol. Tous s'appliquent beaucoup. Chacun rêve d'être choisi le soir de Noël pour traîner le traîneau de Grand-Père Noël. Quel honneur d'être celui qui se trouvera en tête ! Les mamans suivent avec beaucoup d'attention les progrés de leurs petits.

Mai

Les Pères Noël doivent passer une visite médicale. Pour parcourir le monde, il est très important d'être en pleine forme. Grand-Père Noël surveille avec soin leur santé et leur poids. Pas question de laisser un de ses Pères Noël devenir trop gros, sinon le renne qui tire son traîneau aurait bien du mal à prendre son envol.

Juin

Aujourd'hui, il pleut. Pour éviter les taches de rouille sur leurs précieux traîneaux, les Pères Noël en prennent grand soin. Ils vérifient tous les jours que tout est en bon état. Les rennes eux aussi sont très attentifs à l'entretien de leur traîneau.

SANTA

Juillet

Les Pères Noël sont partis en ballon, équipés de longues-vues. Ils passent au-dessus des villes et des villages, jetant un coup d'œil par-ci par-là pour vérifier que les enfants sont bien sages. Dans une cour d'école, les garçons et les filles ont décidé d'arrêter de se chamailler : ils jouent tous ensemble au ballon. Les Pères Noël ont un grand registre dans lequel ils inscrivent les noms des enfants sages du monde entier !

Août

L'été a fini par arriver dans le Grand Nord. Les Pères Noël ont pris quelques vacances pour profiter pleinement du soleil. Ils s'en donnent à cœur joie, jouant toute la journée avec leurs amis les phoques et les dauphins. Grand-Père Noël, qui s'est endormi en faisant la planche, est tout bronzé !

Septembre

Le moment est venu d'aller faire la récolte des jouets dans les champs. Les arbres sont chargés de fruits extraordinaires qui renferment des cadeaux de toutes les couleurs.
Au fur et à mesure de leur cueillette, les Pères Noël s'appliquent à confectionner de magnifiques paquets. L'art de faire de jolis nœuds fait aussi partie de leur travail.

Octobre

Pour les Pères Noël, c'est jour de réunion. Ils sont tous rassemblés dans la plus grande salle du village.

"Pour cette petite fille, c'est une poupée !"

"Le gros camion de pompiers rouge, c'est pour ce petit garçon !"

Grand-Père Noël et les Pères Noël répartissent les jouets en consultant le grand registre où sont inscrits les noms de tous les enfants sages.

Novembre

Noël approche, les Pères Noël commencent à se préparer. Ils lissent leur barbe, nettoient et brossent leur beau costume rouge. Aucun Père Noël n'oublie de glisser dans sa poche une carte du monde. Pas question de se perdre le soir de Noël !

Il ne reste plus qu'à remplir les hottes de cadeaux...

Dans toutes les villes et
tous les villages…

Décembre

C'est la nuit de Noël.
En avant ! Grand-Père Noël en tête, les traîneaux prennent leur envol dans le ciel scintillant d'étoiles.
Les grelots qui tintinnabulent emplissent le ciel de leur musique joyeuse.
Une bougie est allumée à la fenêtre de chaque maison, les chaussures sont alignées devant les cheminées... tout est en place pour un joyeux Noël.
Joyeux Noël !

dans tous les pays
de la Terre...
Joyeux Noël !

Loi n° 49-956 du 16 juillet 1949 sur les publications destinées à la jeunesse.

ISBN : 2-7404-0927-3

Imprimé en France - PPO Graphic, 93500 Pantin - Septembre 2001
Printed in France